DATE

ABCDEFGHIJKLMNOPQRSTUV

Apple   Apple

apple   apple

Apple   Apple

apple   apple

Astronaut

astronaut

Astronaut   Astron

astronaut   astron

DATE

What has a bed but

never sleeps?

What has a bed but

never sleeps?

What has a bed but

never sleeps?

a river   a river   a river

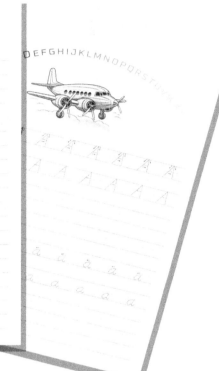

DEFGHIJKLMNOPQRSTUVW

A A A A A

A A A A A

a a a a

a a a a

Introduceing to D'Nealian Method

The D'Nealian Method (sometimes spelled Denealian) is a cool way of writing and teaching handwriting that's based on the regular alphabet. It was created by a smart person named Donald N. Thurber (1927-2020) in Michigan, United States, between 1965 and 1978. Mr. Thurber, who was once a primary school teacher, wanted to make it easier for students to switch from printing to cursive writing.

This Book Belongs To

....

....

....

....

Letter Learning

ABCDEFGHIJKLMNOPQRSTUVWXYZ

A

A A A A A A A A A

A A A A A A A A A

A A A

a a a a a a a a

a a a a a a a a

a a a

A B C D E F G H I J K L M N O P Q R S T U V W X Y Z

B B B B B B B B
B B B B B B B B
B B B

b b b b b b b b
b b b b b b b b
b b b

A B C D E F G H I J K L M N O P Q R S T U V W X Y Z

C C C C C C C C C

C C C C C C C C

C C C

c c c c c c c c

c c c c c c c c

c c c

ABCD EFGHIJKLMNOPQRSTUVWXYZ

D   D D D D D D D D

D   D D D D D D D D

D D D

d   d d d d d d d d

d   d d d d d d d d

d d d

ABCD**E**FGHIJKLMNOPQRSTUVWXYZ

E E E E E E E E E

E E E E E E E E E

E E E E

e e e e e e e e

e e e e e e e e

e e e

ABCDE**F**GHIJKLMNOPQRSTUVWXYZ

F F F F F F F F F F

F F F F F F

F F F

f f f f f f f f

f f f f f f f f

f f f

ABCDEF**G**HIJKLMNOPQRSTUVWXYZ

G G G G G G G G

G G G G G G G G

G G G

g g g g g g g g

g g g g g g g g

g g g

Date

ABCDEFG**H**IJKLMNOPQRSTUVWXYZ

H H H H H H H H H

H H H H H H H H

H H H

h h h h h h h

h h h h h h h

h h h

A B C D E F G H I J K L M N O P Q R S T U V W X Y Z

A B C D E F G H I J K L M N O P Q R S T U V W X Y Z

J J J J J J J J
J J J J J J J J
J J J

j j j j j j j j
j j j j j j j j
j j j

A B C D E F G H I J K L M N O P Q R S T U V W X Y Z

K K K K K K K K

K K K K K K K K

K K K

k k k k k k k k

k k k k k k k k

k k k

ABCDEFGHIJK**L**MNOPQRSTUVWXYZ

L L L L L L L L

L L L L L

l l l l l l l l

l l l l l l l

M M M M M M M M M

M M M M M M M M

M M M

m m m m m m m m

m m m m m m m m

m m m

A B C D E F G H I J K L M N O P Q R S T U V W X Y Z

N N N N N N N N N N N N N

N N N N N N N N N N N N N

N N N N

n n n n n n n n

n n n n n n n n

n n n

A B C D E F G H I J K L M N O P Q R S T U V W X Y Z

O O O O O O O O O

O O O O O O O O O

O O O

O O O O O O O O O

O O O O O O O O O

O O O

ABCDEFGHIJKLMNOPQRSTUVWXYZ

P P P P P P P P P
P P P P P P P P P
P P P P

p p p p p p p p p
p p p p p p p p p
p p p

Q Q Q Q Q Q Q Q

Q Q Q Q Q Q Q Q

Q Q Q

q q q q q q q q

q q q q q q q q

q q q

A B C D E F G H I J K L M N O P Q R S T U V W X Y Z

R R R R R R R R

R R R R R R R R

R R R

r r r r r r r r

r r r r r r r r

r r r

A B C D E F G H I J K L M N O P Q R **S** T U V W X Y Z

S S S S S S S S S

S S S S S S S

S S S

S S S S S S S S

S S S S S S S

S S S

ABCDEFGHIJKLMNOPQRSTUVWXYZ

T T T T T T T T T

T T T T T T T T

T T T T

t t t t t t t t

t t t t t t t

t t t

A B C D E F G H I J K L M N O P Q R S T **U** V W X Y Z

U u u u u u u u

u u u u u u u

u u u

u u u u u u u

u u u u u u u

u u u

ABCDEFGHIJKLMNOPQRSTUVWXYZ

V V V V V V V V V

V V V V V V V V

V V V

V V V V V V V V

V V V V V V V

V V V

Date

ABCDEFGHIJKLMNOPQRSTUVWXYZ

W W W W W W W W

W W W W W W W W

W W W

w w w w w w w

w w w w w w w

w w w

A B C D E F G H I J K L M N O P Q R S T U V W X Y Z

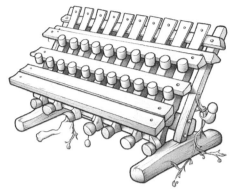

ABCDEFGHIJKLMNOPQRSTUVWXYZ

Y y y y y y y y

Y y y y y y y

y y y

Y y y y y y y y

y y y y y y y

y y y

ABCDEFGHIJKLMNOPQRSTUVWXYZ

Z Z Z Z Z Z Z Z

Z Z Z Z Z Z Z

Z Z Z

z z z z z z z z

z z z z z z z

z z z

Word Practice

A B C D E F G H I J K L M N O P Q R S T U V W X Y Z

Apple   Apple   Apple

apple   apple   apple

Apple   Apple

apple   apple

Astronaut   Astronaut

astronaut   astronaut

Astronaut   Astronaut

astronaut   astronaut

A B C D E F G H I J K L M N O P Q R S T U V W X Y Z

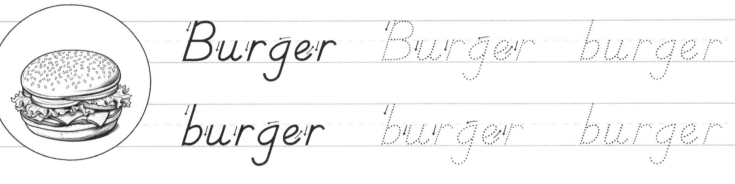

Bee   Bee   Bee   Bee

Bee   Bee   Bee   Bee

Bee   Bee   Bee

bee   bee   bee

Burger   Burger   burger

burger   burger   burger

Burger   Burger   Burger

burger   burger   burger

A B C D E F G H I J K L M N O P Q R S T U V W X Y Z

Cat Cat Cat Cat

cat cat cat cat

Cat Cat Cat

cat cat cat

Clock Clock Clock

Clock Clock Clock

Clock Clock Clock

Clock Clock Clock

A B C **D** E F G H I J K L M N O P Q R S T U V W X Y Z

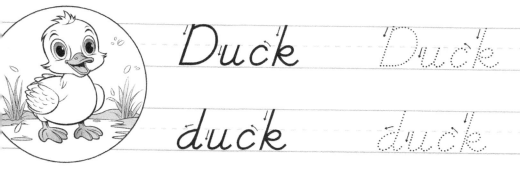

Dog Dog Dog Dog

dog dog dog dog

Dog Dog Dog

dog dog dog

Duck Duck Duck

duck duck duck

Duck Duck Duck

duck duck duck

A B C D **E** F G H I J K L M N O P Q R S T U V W X Y Z

Eye Eye Eye Eye

Eye Eye Eye Eye

Eye Eye Eye

Eye Eye Eye

Elephant Elephant

Elephant Elephant

Elephant Elephant

Elephant Elephant

A B C D E **F** G H I J K L M N O P Q R S T U V W X Y Z

Fish Fish Fish Fish

fish fish fish fish

Fish Fish Fish

fish fish fish

Flower Flower Flower

flower flower flower

Flower Flower Flower

flower flower flower

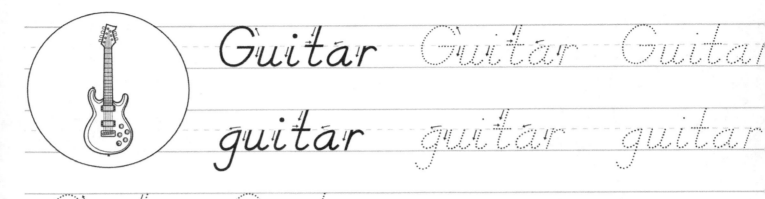

A B C D E F **G** H I J K L M N O P Q R S T U V W X Y Z

Guitar Guitar Guitar

guitar guitar guitar

Guitar Guitar

guitar guitar

Giraffe Giraffe Giraffe

giraffe giraffe giraffe

Giraffe Giraffe Giraffe

giraffe giraffe giraffe

Hat Hat Hat Hat

hat hat hat hat

hat hat hat

hat hat hat

Horse Horse Horse

horse horse horse

Horse Horse Horse

horse horse horse

ABCDEF**G**H**I**J K L M N O P Q R S T U V W X Y Z

Iron Iron Iron Iron

iron iron iron iron

iron iron iron

iron iron iron

Igloo Igloo Igloo

igloo igloo igloo

Igloo Igloo Igloo

igloo igloo igloo

ABCDEFGHI**J**KLMNOPQRSTUVWXYZ

Jar Jar Jar Jar

jar jar jar jar

Jar Jar Jar

jar jar jar

Joystick Joystick

joystick joystick

Joystick Joystick

joystick joystick

ABCDEFGHIJ **K** LMNOPQRSTUVWXYZ

Key   Key   Key   Key

key   key   key   key

Key   Key   Key

key   key   key

Koala   Koala   Koala

koala   koala   koala

Koala   Koala   Koala

koala   koala   koala

A B C D E F G H I J K **L** M N O P Q R S T U V W X Y Z

Lion   Lion   Lion   Lion

lion   lion   lion   lion

Lion   Lion   Lion

lion   lion   lion

Lollipop   Lollipop

Lollipop   Lollipop

Lollipop   Lollipop

Lollipop   Lollipop

ABCDEFGHIJKL **M** NOPQRSTUVWXYZ

Mouse Mouse Mous

mouse mouse mous

Mouse Mouse

mouse mouse

Mountain Mountain

mountain mountain

Mountain Mountain

mountain mountain

Nest Nest Nest Nest

nest nest nest nest

Nest Nest Nest

nest nest nest

Nugget Nugget Nugget

nugget nugget nugget

Nugget Nugget Nugget

nugget nugget nugget

Date

A B C D E F G H I J K L M N **O** P Q R S T U V W X Y Z

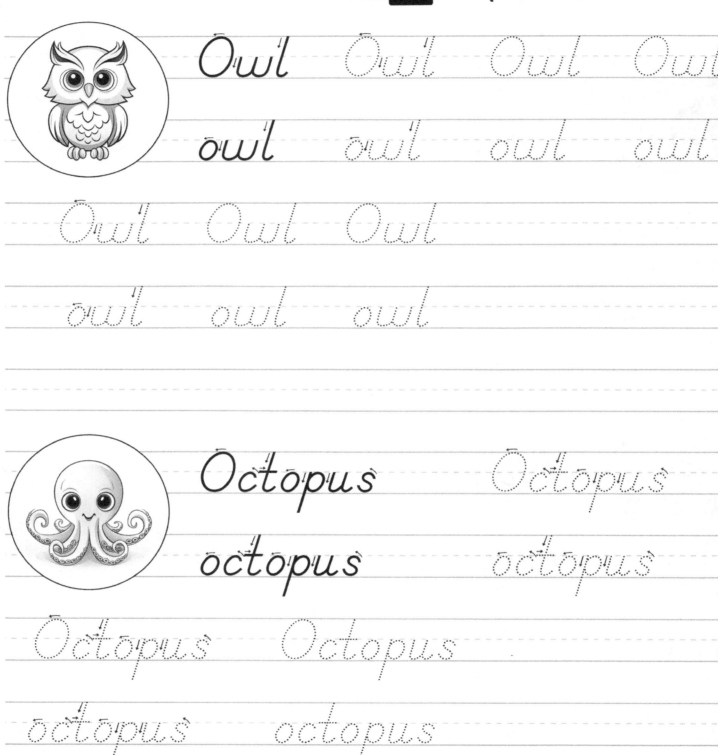

Owl Owl Owl Owl

owl owl owl owl

Owl Owl Owl

owl owl owl

Octopus Octopus

octopus octopus

Octopus Octopus

octopus octopus

Pizza   Pizza   Pizza

pizza   pizza   pizza

Pizza   Pizza

pizza   pizza

Penguin   Penguin

penguin   penguin

Penguin   Penguin

penguin   penguin

A B C D E F G H I J K L M N O P **Q** R S T U V W X Y Z

Quail   Quail   Quail

quail   quail   quail

Quail   Quail

quail   quail

Quill   Quill   Quill

quill   quill   quill

Quill   Quill   Quill

quill   quill   quill

A B C D E F G H I J K L M N O P Q **R** S T U V W X Y Z

Rock Rock Rock Rock

rock rock rock rock

Rock Rock Rock

rock rock rock

Robot Robot Robot

robot robot robot

Robot Robot Robot

robot robot robot

A B C D E F G H I J K L M N O P Q R **S** T U V W X Y Z

Sun Sun Sun Sun

Sun Sun Sun Sun

Sun Sun Sun

Sun Sun Sun

star star star star

star star star star

star star star

star star star

A B C D E F G H I J K L M N O P Q R S **T** U V W X Y Z

Tree Tree Tree Tree

tree tree tree tree

Tree Tree Tree

tree tree tree

Tiger Tiger Tiger

tiger tiger tiger

Tiger Tiger Tiger

tiger tiger tiger

A B C D E F G H I J K L M N O P Q R S T **U** V W X Y Z

Unicorn   Unicorn

unicorn   unicorn

Unicorn   Unicorn

unicorn   unicorn

Umbrella   Umbrella

umbrella   umbrella

Umbrella   Umbrella

umbrella   umbrella

A B C D E F G H I J K L M N O P Q R S T U **V** W X Y z

Vase Vase Vase Vase

vase vase vase vase

Vase Vase Vase

vase vase vase

Vulture Vulture Vulture

vulture vulture vulture

Vulture Vulture Vulture

vulture vulture vulture

A B C D E F G H I J K L M N O P Q R S T U V **W** X Y Z

Wizard   Wizard

wizard   wizard

Wizard   Wizard

wizard   wizard

Window   Window

window   window

Window   Window

window   window

ABCDEFGHIJKLMNOPQRSTUVW **X** YZ

X-ray   X-ray   X-ray

x-ray   x-ray   x-ray

X-ray   X-ray

x-ray   x-ray

Xylophone   Xylophone

xylophone   xylophone

Xylophone   Xylophone

xylophone   xylophone

Yeti   Yeti   Yeti   Yeti

yeti   yeti   yeti   yeti

Yeti   Yeti   Yeti

yeti   yeti   yeti

Yacht   Yacht   Yacht

yacht   yacht   yacht

Yacht   Yacht   Yacht

yacht   yacht   yacht

Zoo   Zoo   Zoo   Zoo

zoo   zoo   zoo   zoo

Zoo   Zoo   Zoo

Zoo   Zoo   Zoo

Zebra   Zebra   Zebra

zebra   zebra   zebra

Zebra   Zebra   Zebra

zebra   zebra   zebra

Riddle Time

What has a face and
hands but can not smile?

What has a face and
hands but can not smile?

What has a face and
hands but can not smile?

a clock   a clock   a clock

What has a bed but

never sleeps?

What has a bed but

never sleeps?

What has a bed but

never sleeps?

a river   a river   a river

What has keys but

can't open locks?

What has keys but

can't open locks?

What has keys but

can't open locks?

a piano   *a piano*   *a piano*

What has a tail and
a head but no body?

What has a tail and
a head but no body?

What has a tail and
a head but no body?

a coin   a coin   a coin

What is full of holes
but still holds water?

What is full of holes
but still holds water?

What is full of holes
but still holds water?

a sponge   a sponge   a spong

What has to be broken

before you can use it?

What has to be broken

before you can use it?

What has to be broken

before you can use it?

an egg   an egg   an egg

What is easy to get into

but hard to get out of?

What is easy to get into

but hard to get out of?

What is easy to get into

but hard to get out of?

Trouble!   Trouble!   Trouble!

What has cities but no houses

and rivers but no water ?

What has cities but no houses

and rivers but no water ?

What has cities but no houses

and rivers but no water ?

a map   a map   a map

What has a thumb and four
fingers but is not a hand ?

What has a thumb and four
fingers but is not a hand ?

What has a thumb and four
fingers but is not a hand ?

a glove   a glove   a glove

What gets wetter the

more it dries ?

What gets wetter the

more it dries ?

What gets wetter the

more it dries ?

a towel   a towel   a towel

What has eyes but

can not see ?

What has eyes but

can not see ?

What has eyes but

can not see ?

a potato   a potato   a potato

What has four legs

but can not walk ?

What has four legs

but can not walk ?

What has four legs

but can not walk ?

a table   a table   a table

What has a thumb

but no fingers ?

What has a thumb

but no fingers ?

What has a thumb

but no fingers ?

a mitten   a mitten   a mitte

What goes up but

never comes down ?

What goes up but

never comes down ?

What goes up but

never comes down ?

your age   your age   your age

What can you break

without touching it ?

What can you break

without touching it ?

What can you break

without touching it ?

a promise *a promise a promise*

What has a ring

but no finger ?

What has a ring

but no finger ?

What has a ring

but no finger ?

a phone   a phone   a phone

What has wings

but can't fly ?

What has wings

but can't fly ?

What has wings

but can't fly ?

a kite   a kite   a kite

What has a neck
but no head ?

What has a neck
but no head ?

What has a neck
but no head ?

a bottle   a bottle   a bottle

What gets bigger when
more is taken away?

What gets bigger when
more is taken away?

What gets bigger when
more is taken away?

a hole   *a hole*   *a hole*

What has a tail

but not a body ?

What has a tail

but not a body ?

What has a tail

but not a body ?

a comet   a comet   a comet

What has a bark

but doesn't bite ?

What has a bark

but doesn't bite ?

What has a bark

but doesn't bite ?

a tree   a tree   a tree

What has a face that

is always changing ?

What has a face that

is always changing ?

What has a face that

is always changing ?

the Moon the Moon the Moon

What has no legs

but still can dance ?

What has no legs

but still can dance ?

What has no legs

but still can dance ?

a broom   a broom   a broom

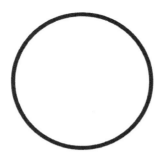

What has no beginning,

end, or middle?

What has no beginning,

end, or middle?

What has no beginning,

end, or middle?

a circle   a circle   a circle

What has a house

but no adress ?

What has a house

but no adress ?

What has a house

but no adress ?

a snail   a snail   a snail

What has a face

but no expression ?

What has a face

but no expression ?

What has a face

but no expression ?

a mask   a mask   a mask

Made in the USA
Las Vegas, NV
08 January 2024